Todos los libros de Linkgua Ediciones cuentan con modelos de Inteligencia Artificial entrenados por hispanistas. Pregúntale al chat de tu libro lo que desees acerca de la obra o su autor/a.

Para ebooks: Accede a nuestro modelo de IA a través de este enlace.

Para libros impresos: Escanea el código QR de la portada con tu dispositivo móvil.

Obtén análisis detallados de nuestros libros, resúmenes, respuestas a tus preguntas y accede a nuestras ediciones críticas generativas para una experiencia de lectura más enriquecedora.
La transparencia y el respeto hacia la autoría de las fuentes utilizadas son distintivos básicos de nuestro proyecto. Por ello, las respuestas ofrecen, mediante un sistema de citas, las fuentes con las que han sido elaboradas.

Fernando Ortiz

La decadencia cubana

Edición de Rado Molina

Barcelona 2024
Linkgua-ediciones.com

Créditos

Título original: La decadencia Cubana. La crisis política cubana; sus causas y remedios .

© 2024, Red ediciones S. L.

e-mail: info@linkgua.com

Diseño de la colección: Michel Mallard.

ISBN rústica ilustrada: 978-84-9953-638-5.
ISBN tapa dura: 978-84-1126-657-4.
ISBN ebook: 978-84-9007-414-5.

Sumario

Brevísima presentación

La vida

Fernando Ortiz nació en La Habana, Cuba, el 16 de julio de 1881; falleció el 10 de abril de 1969 en la misma ciudad. Cuando solo tenía dos años fue enviado a Menorca con sus abuelos maternos.

Con veinte años regresó a Cuba y aceptó ser cónsul cubano en La Coruña, Génova y Marsella.

De ideas democráticas, ingresó en el Partido Liberal en 1915. En 1931, ante el creciente número de políticos de su partido que mostraba su apoyo al dictador Gerardo Machado, rompió con sus compañeros y se exilió en Estados Unidos.

Realizó notables estudios sobre la cultura afrocubana y la tradición insular, y sus ensayos sobre la presencia de África en Cuba son claves para cualquier estudio del género: *Los negros brujos* (1906), *Los negros esclavos* (1916), *Los bailes y el teatro de los negros en el folclore de Cuba* (1951) y *Estudios etnosociológicos* (1991). Otras obras destacadas son *Hampa afrocubana* (1906 y 1916), *Glosario de afronegrismos* (1924), *Contrapunteo cubano del tabaco y el azúcar* (1940), *Los instrumentos de la música afrocubana* (1952-1955) e *Historia de una pelea cubana contra los demonios* (1959).

La decadencia cubana

La decadencia cubana y La crisis política cubana; sus causas y remedios contiene estos dos ensayos de Fernando Ortiz, escritos en 1919 y 1924. En ellos el autor reflexiona sobre el periodo de la historia cubana conocido como el de las «Vacas gordas», en que el aumento del comercio y la subida de los precios del azúcar auguraban una Cuba próspera y optimista. Ortiz es incisivo en extremo y meticuloso en el análisis y ordenación de estadísticas que demuestran la fragilidad de los cimientos de la prosperidad cubana, y la inevitable crisis de la década de los años veinte.

El primero de los ensayos disecciona la democracia republicana, expone sin tapujos los que en su opinión eran sus defectos más relevantes y ofrece a su vez soluciones. En el segundo texto Ortiz expone cifra tras cifra los niveles de penetración del capital norteamericano en Cuba y la inconsistencia de las políticas económicas de los gobiernos republicanos.

La decadencia cubana sorprende mostrándonos cómo en la Edad de oro de la economía isleña ya se fraguaban los orígenes de males posteriores y cómo las instituciones republicanas pasaban por alto elementos clave de la convivencia democrática.

La crisis política cubana; sus causas y remedios
Resumen de un libro que ya no escribirá

La crisis política cubana es, como todas las graves enfermedades de los pueblos, fenómeno complejo de difícil diagnóstico y de tratamiento complicado. No hay que pensar, pues, en que pueden por arte de encantamiento ser desentrañados todos los factores morbosos de un pueblo y ser cauterizadas sus lacras, como rezan en sus arengas los rábulas de la politiquería.

Pero, por desgracia, los males cubanos son de tal naturaleza que no es preciso un Orfila para que como mediocolegista, pueda analizar los más mortíferos tósigos que envenenan la vida de nuestra República, descubrir los más culpables patricidas, y sugerir alguna que otra triaca, para seguir el símil, de la medicina popular.

Por eso, al ser solicitado para ello, he reunido algunos apuntes, tomados tiempo ha para un libro de «Sociología Cubana», que coadyuvara a la magna obra de Sarmiento, Bunge, Ingenieros, Blanco Fombona, Arguedas, García Calderón y tantos otros, de tratar con orientación positivista la «Sociología Iberoamericana», tan discutida como injustamente maltrecha.

La mayor parte de los siguientes epígrafes lo son también del libro tramado; y los otros habrían de serlo así mismo, sin duda, si mi trabajo abandonado hubiere de referirse no a un análisis sociológico de cierta amplitud, sino a una investigación de fenómenos y reacciones concretas de la política nacional en los decisivos momentos (1919) que pasan.

Las palpitaciones desordenadas de la política criolla de estos últimos tiempos alteraron el ritmo de mis tranquilas faenas de publicista, que no quiero olvidar; y me es grato recordarlas hoy al recoger y completar viejas notas y apuntes, para arrojarlas a la hoguera política y avivar en lo poco que de ellas puede esperarse, la pálida y mortecina luminosidad de su fuego.

En estos fugases días de crisis mundial, ningún hombre consciente puede negar a su patria, su acción, por modesta que sea; ni la verdad de sus ideas, por cruda que fuere. Ello sería una deserción frente al enemigo. Sírvame de disculpa al publicar esta lineas, mi deseo de no ser afrentado por el sonrojo de una deserción.

Causas de la crisis

A. Causas sociológicas

1. Falta de preparación histórica del pueblo cubano para el ejercicio de los derechos políticos.

2. Incultura general en las clases dirigidas, que les impide apreciar en su justo valor a los hombres públicos, sus ideas y procedimientos, y las entrega casi indefensas a la malicia y los egoísmos personales de los malvados, de las mediocridades y de las insignificancias.

3. Cultura deficiente en las clases directoras, que impide refrenar sus egoísmos y hacerlos compaginables con los ideales del progreso mundial y los supremos intereses de la Nación.

4. Desintegración de los diversos elementos sociales de Cuba en razas y nacionalidades, a veces antagónicas y, por tanto, de interés no fundidos en un consciente interés o ideal supremo nacional.

5. Predominio económico de los elementos extranjeros, para los cuales, naturalmente, los intereses morales y populares de Cuba son secundarios; por cuya causa estos supremos intereses no tienen como en otros países todo el apoyo poderoso de una vigorosa corriente, material y espiritualmente nacionalista.

6. Debilidad psicológica del carácter cubano, ante la necesidad de los esfuerzos serenos y tenaces que exige la civilización contemporánea; y la impulsividad característica de esa índole psicológica, que nos lleva con frecuencia a actuaciones intensas, pero rápidas, precipitadas, impremeditadas y violentas.

7. Profundo relajamiento moral de las costumbres políticas, por complejas concausas que no han podido contrarrestar y hasta han favorecido, consciente o inconscientemente, los gobiernos nacionales o extranjeros que ha tenido Cuba desde hace más de un siglo.

B. Causas políticas
1. Constitución inadecuada a la demopsicología cubana

a) Exceso de facultades del presidente de la República, y consiguientes facilidades al despotismo.

b) Responsabilidad legal, excesivamente limitada, del presidente, de los secretarios, de los congresistas, por sus delitos comunes y políticos, y consiguientes facilidades a la desmoralización y al abuso gubernativo.

c) Inamovilidad de los secretarios incapaces o delincuentes, ante los ataques de la unánime opinión pública, si son amparados por el error, el capricho o la complicidad del presidente, y consiguientes ineficacia de la oposición y debilitación de la fe popular.

d) Falta de fiscalización práctica del Congreso sobre la Hacienda pública, carencia de un Tribunal de cuentas, y por consiguiente anarquía fiscal y malversaciones sistemáticas e impunes del Tesoro público.

e) Falta de independencia absoluta del Poder judicial supeditado al Gobierno, y por consiguiente inmiscuición corruptora de la política en los Tribunales, desde la presidencia del Tribunal supremo, hasta el último Juzgado municipal.

f) Falta de una Ley de orden público y demás leyes complementarias de la Constitución, que regulen y garanticen el ejercicio de las libertades de asociación, reunión, correspondencia, pensamiento y otras, así como el estado de suspensión constitucional de garantías; todo lo cual aumenta la indefensión cívica del pueblo ante el exceso de poder personal del presidente y las facilitaciones al despotismo.

La conciencia que tiene el pueblo de todas estas circunstancias y la desconfianza ante la magnitud del esfuerzo necesario para vencerlas, producen los siguientes efectos, que a la vez son concausas de la presente grave crisis política.

2. Partidos políticos

a) Alejamiento de los Partidos políticos de los mejores ciudadanos y, consiguiente apoderamiento de los Partidos por mediocridades o insignificancias estériles, y audacias rampantes.

b) Falta de una ley reguladora de la organización interna de los Partidos políticos, y carencia de garantías de legalidad en la actividad interior de los mismos, y consiguiente reiteración de atropellos y abusos por los elementos controladores de las Asambleas superiores contra los inferiores, formación automática de camarillas habilitadas por su impunidad para imponer caprichosamente sus conveniencias personales y de grupo a las minorías, y, como sucede generalmente, hasta a las reales mayorías.

c) Comprensión legislativa de todas las posibles actividades políticas nacionales en solo dos grandes partidos, y consiguiente convicción popular de la esterilidad de todo esfuerzo que no logre el beneplácito de las camarillas dominadoras de los partidos, de vida interna extralegal y únicas benefactoras del artificial monopolio político.

d) Falta de renovación de los elementos directores de los Partidos políticos, desgastados por más de veinte años de acción, e imposible ascenso de los elementos nuevos, esterilizados en funciones secundarias, por la irrenovabilidad de los Partidos y de los grupos controladores.

3. Burocratización del Congreso

a) Sueldo del congresista, independientemente de su labor y de su asistencia al Congreso, y consiguiente provocación de aspiraciones a esos cargos públicos que exigen preparación, laboriosidad, disciplina y dedicación responsable.

b) Gastos públicos por el Poder ejecutivo de varios millones ¡sin presupuesto, publicidad, ni control! (loterías, impuestos, leyes de obras públicas, sanitarias, etc.); y consiguiente posibilidad de excesivos favores políticos privados del Poder ejecutivo a los congresistas adictos y a los amigos de éstos y de las camarillas políticas.

4. Reeleccionismo

a) En la Presidencia de la República provoca la usurpación del Poder, el fraude electoral, todo atropello a la libertad, a la vida y al tesoro, y consiguiente agitación reactiva revolucionaria.

b) En las otras posiciones políticas, especialmente en las de gobernadores y alcaldes, y en las internas de los Partidos, provoca de igual modo la usurpación de los puestos, el fraude interno, todo atropello a la legalidad de las Asambleas y delegaciones, toda transacción innoble contra la injusticia, y consiguiente agitación de las desidencias, y ulterior fraude del sufragio en las postulaciones amañadas y en los nombramientos de miembros de mesa electoral y de miembros políticos delas Juntas electorales, máxime si este reeleccionismo se acopla al presidencial, en cuyo caso, según experiencia reiterada, se arriesga la vida de la República y se pone en entredicho el decoro de la Nación.

5. Ley electoral

Si las causas anteriores de la crisis no fuesen tan intensas, sería innecesario estudiar con urgencia la Ley electoral: pero siendo aquellas realmente poderosas llegan a sistematizar el fraude electoral y la burla de la ley, la cual resulta débil en sus garantías contra la malicia y cuya debilidad se manifiesta en varios aspectos:

a) Preferencia legal de dos partidos como base de garantía del procedimiento electoral, y consiguiente falta de garantía cuando los representantes de ambos partidos logran armonizar sus intereses políticos particulares y privados por encima de los generales y públicos de los partidos, caso frecuente que se dificultaría dando garantías e intervención en todos los procedimientos electorales a los varios partidos y minorías reales. Esta preferencia que priva a las minorías de algunas de las garantías y ventajas procesales, va realmente contra el artículo 39[1] de la Constitución.

b) Posibilidad de falsos partidos y realidad probada de su intervención en las elecciones y consiguiente germen de la perturbación y falsedad de la voluntad nacional y de los partidos reales.

c) Imperfecta aplicación del procedimiento de la representación proporcional para la elección de representantes, consejeros y concejales, cuyo sistema es la más perfecta aplicación del sabio artículo 39 de la Constitución y la más sólida conquista de la libertad política en Cuba; pero tal como está regulada, ocasiona excesivo antagonismo de los intereses personales de los candidatos entre sí, mediante el esfuerzo legal, o sea, la votación de unos

---

1 Artículo 39. Las leyes establecerán reglas y procedimientos que aseguren la intervención de las minorías en la formación del censo de electores y demás operaciones electorales y su representación en la Cámara de representantes, en los Consejos provinciales y en los Ayuntamientos. (N. del E.)

candidatos y no de otros, en los respectivos espacios cuadrados que constan en la boleta electoral, a la izquierda de los nombres de los candidatos, precisamente para el refuerzo; y, sobre todo, provoca el refuerzo ilegal, o sea el fraudulento, con la consiguiente desintegración de los intereses políticos de los Partidos e incitación al fraude en grande escala.

d) Falta de reglamentación y de garantías legales para los acuerdos internos sobre postulaciones por los Partidos políticos, y consiguiente repetición de graves abusos, atropellos e inmoralidades para lograr la postulación. Esta causa de crisis es de las más trascendentales y profunda; ella dificulta el triunfo de los mejores, corrompe las organizaciones de los Partidos, fomenta y favorece las camarillas y falsea en su base troncal el sufragio popular que monopolizado de hecho por la posición preferente de los dos partidos, ni siquiera tiene el consuelo frecuente de verse obligado a votar por los candidatos de una selección ordenada y legítima que los partidos presentan al pueblo, sino que a veces o se retrae o debe de votar por candidaturas hijas de alumbramiento penoso y de engendro bastardo.

C. Causas históricas contemporáneas

La historia triste de estos últimos años ha precipitado la crisis nacional.

a) La reelección del actual presidente[2] fue impuesta al propio Partido conservador por la presión gubernativa, lo cual bastó para disculpar mentalmente entre los conservadores y hasta para justificar, según muchos, los procedimientos ilegales y violentos en las luchas políticas; pensando todos que

2   Se refiere al presidente Mario García Menocal (Partido Conservador Nacional, 1913-1921) (N. del E.)

si el jefe del Estado se abandonaba sin escrúpulos y en su interés personalísimo a la tarea de asegurar su propia reelección «por todos los medios», caía por su base todo freno gubernativo a las actuaciones indecorosas de los políticos de menos vuelo, imitadores en su reducido radio del ejemplo superior.

b) Dedicación de la actividad gubernativa durante 1916 a obtener la reelección del jefe del Estado y su triunfo electoral con evidentes despilfarros del Tesoro y de favores administrativos a ese fin electoral; acoplándose a la peligrosa política reeleccionista de casi todos los secretarios y altos funcionarios, coautores de unos mismos delitos colectivos.

c) Resolución de «ganar de todos modos» la reelección presidencial por la fuerza, impuesta por los coautores de la burda trama a todos los organismos políticos de Gobierno, después de fracasados los procedimientos fraudulentos en las elecciones del 1.° de noviembre de 1916. Esta resolución fue ejecutada por el Gobierno mediante los elementos más corrompidos de correos, del ejército, de los gobiernos provinciales, de los tribunales y de la política, produciendo la natural irritación de los despojados y de los cubanos cívicos.

d) Usurpación de la presidencia de la República.

e) Consiguiente revolución en 1917.

f) Vencimiento de la revolución por los elementos usurpadores del Poder, amparados por la diplomacia americana, mal informada.

g) Desenfreno ulterior de los elementos de la «camarilla» gubernativa, usurpadora del Poder, contra el Tesoro, contra los revolucionarios y contra todo elemento de resistencia cívica.

Este desenfreno ha adoptado las siguientes formas:

1. Atentados contra la vida y propiedades de los liberales.

2. Desprecio de toda oposición y de toda opinión imparcial en la actuación gubernativa de la «camarilla» usurpadora, confiada en la impunidad de todos sus actos, después del aplastamiento temporal de los liberales.

3. Utilización de la guerra contra Alemania para justificar un estado de dictadura, inculta y deshonrosa.

4. Injusta acusación de germanofilia gubernativa, protectora de intereses capitalistas alemanes, y pasiva ante el activo espionaje germano en Cuba.

5. Imposición al pueblo de una gravosa e impopular ley de servicio militar obligatorio por miedo a una nueva revolución, y por halago al pueblo americano, con el pretexto de la guerra contra Alemania por la libertad, cuando la libertad estaba ultrajada por el Gobierno y los alemanes gozaban de ella en toda su plenitud.

6. Imposición al pueblo de un empréstito de treinta millones, en forma inconstitucional, creando ¡por decreto! y luego contra la espontánea voluntad del Congreso, impuestos tan onerosos e inciviles, como el del Timbre, y tan abusivamente exaccionados.

7. Solicitud, bajo pretextadas necesidades guerreras, a los Estados Unidos, de esos treinta millones, y empleo de los millones obtenidos de los Estados Unidos, en inversiones ajenas totalmente a la guerra, fuera de toda ley y exigencias fiscales, con evidente burla al Gobierno americano y al pueblo de Cuba y bochornoso descrédito nacional.

8. Imposición al comercio y al pueblo de restricciones injustificadas al libre funcionamiento de las fuerzas económicas nacionales, bajo el pretexto de dirigir el comercio de subsistencias, motivando artificiales encarecimientos del pan y otras materias alimenticias y dando origen a escandalosos agios.

9. Privación a los azucareros y comerciantes de embarcar libremente a países neutrales los azúcares sobrantes para las necesidades aliadas, y distribución exclusiva de permisos de embarques de azúcares a los elementos usurpadores del Poder, altos funcionarios, militares y políticos.

10. Desastrosa política hacendística que produce la desaparición del oro acuñado que era la base nuestra seguridad económica, favorecida aquélla por los mismo encargados de impedirla.

11. Supresión de la Guardia rural y reorganización del Ejército para fines políticos y consiguiente alejamiento de los reclutas voluntarios, burocratización de la oficialidad y preterición de los mejores y de los jóvenes en los ascensos, por influencias y gratitudes políticas.

12. Falta de seguridad y garantías en los campos, por la desorganización militar y falta de confianza pública en varios de los jefes favoritos del Gobierno y similares a éste.

13. Saqueo sistemático y a menudo descubierto del Tesoro y de la riqueza nacional, en provecho de la «camarilla» usurpadora.

14. Exaltación de la soberbia usurpadora ante la creciente impopularidad de sus defensores, que le arrastra a represiones inconstitucionales de la prensa y de la opinión independiente y a la petulancia de creerse inatacable en sus actos de Gobierno, a pesar de la unánime reprobación de Cuba entera.

Don Causas internacionales

a) Falta de una diplomacia americana en relación a Cuba, continuamente inspirada en un mismo elevado sentido. Así, el pueblo de Cuba observa que mientras la Legación de los

Estados Unidos, cuando el presidente Gómez, comunicaba reiteradamente a éste notas tendentes a intervenir en los actos administrativos internos de Cuba con el deseo declarado de tutelar la riqueza nacional cubana y evitar su menoscabo; ese mismo deseo, entonces tan intenso, a pesar de los reiterados y cuantiosos menoscabos del Tesoro y de la riqueza pública de Cuba por el presidente Menocal, no ha producido notas análogas dirigidas al Gobierno usurpador, y sí las ha producido en apoyo de los intereses políticos de la usurpación.

Esta circunstancia de una diplomacia secreta, confusa, variante y ambigua de los representantes diplomáticos de Washington en Cuba, unida al exceso de poder del cargo de presidente de la República, según la Constitución, la tradición colonial y la práctica, tiene una trascendencia extraordinaria y casi decisiva en los destinos patrios, merced de la hegemonía norteamericana en Cuba, y a la pequeñez de ésta, librada así a todas las favorables o adversas variantes de carácter, intereses, caprichos, propósitos y preparación mental de dos únicos hombres: el ministro americano y el presidente de la República.

b) Frecuente descuido de los Gobiernos norteamericanos en la selección del personal diplomático especialmente destinado a la América Latina. Esta falta de tacto de Washington cediendo a veces a cargos diplomáticos de la América Latina como retribuciones de favores políticos, o permitiendo el apoyo diplomático a sus ciudadanos fuera de una estricta justicia, constituye un gravísimo mal, contra el cual protestan públicamente los propios hombres representativos y academias científicas de los Estados Unidos. Y es fuente de dolorosos e irreparables errores y rozamientos, en perjuicio de la cordialidad panamericana, de la justicia internacional y del propio prestigio del pueblo norteamericano, y sin ventajas ciertas para sus intereses, por más agresivos y dominantes que éstos se supongan. Esa condición de carácter general, repercute especialmente en Cuba, más que en otras repúblicas iberoamericanas, pues aquí, dada la más intensa acción diplomática de los Estados Unidos, son más trascendentes los desaciertos personales de sus enviados. Si para dirigir la Legación de Cuba (y las acreditadas en los demás países iberoamericanos) fuese escogido siempre por los Estados Unidos un personal a la altura de la responsabilidad diplomática y social que realmente tiene, se habrían evitado revoluciones, golpes de Estado, tiranías y crímenes y se habría realzado hasta donde lo reclama la grandeza de la democracia del Norte, el prestigio de su acción panamericana, cuyos mayores enemigos son a menudo sus propios ministros.

E. Causas proletarias

a) La crisis económica mundial trae hasta Cuba el oleaje de sus agitaciones, las cuales por circunstancias complejas no han adquirido la violencia que en otros países; pero a menudo se agudizan, más que por razones intrínsecas, por la impreparación de las clases directoras y gobernantes de Cuba para recibirlas y encauzarlas y para comprender las exigencias del progreso contemporáneo.

b) Sistemática pasividad ante los apremiantes problemas del trabajo que nos encuentran sin legislación obrera; y superstición gubernativa de la eficacia de la fuerza armada y del atropello para resolverlos contra los obreros.

c) Agravación moral de los problemas obreros ante el imprudente alarde de riquezas improvisadas y mal habidas por los elementos gobernantes, incapacitados por ende, para pedir moderación, siendo ellos inmoderados; para imponer respeto a la propiedad, siendo atropelladores de la pública y aún de la privada; para pedir orden, viviendo ellos fuera de la ley; para exigir patriotismo, cuando ellos desangran la patria infamada.

F. Causas demopsicológicas
Pesimismo criollo

a) La honda y extensa raigambre de las concausas especificadas, y la circunstancia de abarcar factores extraños a su ambiente, a su país, a su voluntad y a su fuerza, hacen pensar al pueblo cubano que la lucha contra ella es estéril y fuera de las posibilidades de su poder. Por eso suele sufrir abatimientos y cansancios y no reacciona contra muchas de esas concausas que serían pulverizadas fácilmente de un golpe de energía, si tuviera, como llegara a tener, sin duda, la voluntad de imponerse a los políticos infieles y el tácito o expreso apoyo de la diplomacia americana.

Malestar popular

b) El pueblo sabe que el Gobierno es ilegítimo, y que surgió apoyado por la diplomacia norteamericana; y observa que la usurpación ha servido para el provecho personal de los usurpadores, los cuales no han tenido la capacidad necesaria para hacerse perdonar mediante actos de gobierno justos y beneficiosos para el país, y han erigido en sistema la corrupción, justificando la creencia popular en la impunidad de todos los delitos de los gobernantes y en la desaparición de la justicia como base de la vida republicana en Cuba.

Remedios de las crisis

A. Remedios sociológicos

1. Cultura. Intensificación de las iniciativas culturales. El más grave peligro de Cuba es el de la incultura de sus clases directoras, más aún que el de su corrupción. Si fuesen verdaderamente cultas no serían corrompidas. La mejor manera de refrenar la corrupción consiste en civilizar el egoísmo.

2. Fortificación del sentimiento nacionalista, sin quijotismos santamente ilusos ni xenofobias anacrónicas. La mejor garantía de la independencia cubana es un gobierno culto, honrado y justo, basado en las aspiraciones populares y en cordial intimidad recíproca con los Estado Unidos.

3. Trabajo. Menor preferencia de la juventud cubana por los cargos burocráticos y las profesiones universitarias, y dedicación a las actividades económicas, agrarias, industriales y mercantiles.

4. Carácter. Fortificación del carácter de los futuros elementos directores de Cuba por una intensa y persistente emigración temporal y educativa de la juventud criolla a los pueblos de mayor cultura integral.

5. Inmigración. Favorecimiento de la inmigración hispana, acompañada de nutridos contingentes europeos, de los pueblos avanzados, para aumentar la importación de brazos, y, lo que es al menos tan beneficioso, la importación de ideas.

B. Remedios políticos

1.º Reforma constitucional
Con la consiguiente orientación:
a) Reorganización del Poder ejecutivo con bases análogas al del Uruguay, convirtiéndolo en casi colegiado.
b) No reelección presidencial.
c) Restricción de las facultades personales del presidente.
d) Ley de responsabilidades del presidente y secretario
e) Parlamentarismo.
f) Senado corporativo y político.
g) Tribunal de cuentas, y liquidación anual del Presupuesto ante el Congreso.
h) Prohibición constitucional de transferencias de crédito y de leyes ordinarias de trascendencia económica fuera de presupuestos.
i) Independencia absoluta del Poder judicial y del Ministerio fiscal con ingreso en esos cuerpos por oposición.
j) Leyes complementarias de la Constitución: de orden público, asociaciones, reuniones, prensa, penal, etc.

2.º Partidos políticos
a) Ley reguladora de los mismos sobre las bases que siguen:
b) Reorganización forzosa a fecha fija bienal o cuatrienal.
c) Organización de las Asambleas por preceptos generales y permanentes con prohibición de que sean delegados a ellas los empleados públicos.
d) Disolución de las Asambleas una vez hechas las postulaciones.

e) Registro público de Partidos políticos llevado por Junta central electoral.

f) Libre y garantizada actuación de todos los partidos políticos reales.

g) Eliminación de los falsos partidos políticos.

h) Recursos judiciales contra las ilegalidades y leguleyerías de las Asambleas y camarillas.

i) Postulaciones bajo procedimiento uniforme y a fechas fijas.

3.º Reforma del Congreso

a) Retribución del congresista por sistema de dietas de asistencia comprobada y fijación de máximum de dietas.

b) Obligatoria discusión y acuerdo sobre Presupuesto de ingresos y gastos del Estado, en tiempo oportuno, bajo severas sanciones.

c) Liquidación de los presupuestos por el Congreso

4.º Ley electoral

a) Renovación decenal, por un organismo independiente del Gobierno, del censo de población y del electoral, y garantías contra su alteración maliciosa.

b) Intervención constitucional de todas las minorías en los procedimientos electorales.

c) Aseguración de mayor independencia en los miembros de los organismos electorales superiores.

d) Mantenimiento del voto singular.

e) Voto obligatorio.

f) Procedimiento uniforme y reglamentario para la formación de las propuestas de candidatos y miembros de mesa por los partidos.

g) Prohibición a todos los candidatos de figurar en más de una lista o partido.

h) Elevación de las condiciones de capacidad de los miembros de la mesa electoral.

i) Prohibición de que los funcionarios públicos cuando sean candidatos, continúan en sus cargos.

j) Identidad del elector.

k) Mantenimiento de la representación proporcional y adopción del sistema de Hondt para la determinación de los proclamables.

l) Voto en la boleta, abonable siempre al partido, y voto de preferencia, potestativo, en favor de un solo candidato sujeto a la representación proporcional.

m) Prohibición de votar por candidatos de diferentes partidos.

n) Reducción del refuerzo legal a los límites en que es conveniente, proclamando los candidatos por el último sistema mixto, belga, de orden en la lista y números de votos.

o) Escrutinio primario público en el colegio electoral a las 3.00 p.m.

p) Mayores garantías de publicidad de todos los procedimientos electorales.

q) Renovación integral de Consejos provinciales y Ayuntamientos.

C. Remedios administrativos

a) Obligatoriedad del envío de datos por el Poder ejecutivo al Congreso cuando éste los pida y sanción del consiguiente delito contra el libre funcionamiento del Poder legislativo en caso de infracción.

b) Prohibición de transferencias de crédito y de gastos fuera de presupuestos y sanción del delito de su infracción.

c) Supresión de la Lotería y de las apuestas en juegos públicos, por ser corruptoras.

d) Supresión de los impuestos del timbre, de azúcares y alcoholes por ser innecesarios y corruptores.

e) Reorganización y reducción del Ejército al mínimum necesario, con garantías para ascensos, buen tratamiento y disciplina.

f) Restauración de la Guardia rural con nuevo personal idóneo, bien retribuido y honorable.

g) Ley orgánica de los Cuerpos de policía y vigilancia y fijación de requisitos especiales para ingresar en ellos.

h) Organización legal de los servicios cuyo personal no esté sometido a plantilla ni presupuesto.

i) Reorganización de la Hacienda sobre bases modernas para lograr un mejor reparto de la presión tributaria, fomentando los impuestos sobre los rentistas.

j) Reducción de los presupuestos, al menos en un 20 %, y sobre todo, eficiente inversión de los mismos.

k) Supresión de empleados temporeros y restricciones para su nombramiento.

l) Publicación de las nóminas de empleados y prohibición de aumentarlas en años electorales.

m) Cumplimiento de la Ley del servicio civil y sanción real contra los infractores.

n) Supresión de organismos burocráticos inútiles; división en dos y reorganización de la Junta nacional de sanidad y beneficencia y creación de otros órganos colegiados necesarios, como un Consejo nacional de trabajo, una Junta nacional de ferrocarriles, una Junta nacional penitenciaria, una Junta nacional de instrucción, una Cámara nacional de azucareros, una Cámara de economía nacional, con secciones de importadores, detallistas, industriales, mineros, tabaqueros y navieros y un Bolsa nacional del trabajo.

o) Mejoramiento económica y cultural del magisterio y del profesorado.

p) Reorganización de la Justicia correccional.

q) Rigurosos trámites de depuración y publicidad de los indultos.

Don Remedios internacionales

a) Intensificación de las relaciones diplomáticas y culturales con los Estados Unidos a base de respeto mutuo.

b) Y cuidadosa selección del personal diplomático recíprocamente acreditado.

c) Intensificación de la vida de relación internacional (Congresos, tratados, etc.).

d) Abramos las ventanas hacia el Norte, y aspiremos a todo pulmón las brisas culturales que de allá nos llegan. Americanicemos nuestra cultura si no queremos americanizar nuestra bandera. Americanicémonos, para no ser americanos.

E. Remedios proletarios

a) Creación de un «Consejo nacional del trabajo».

b) Legislación de garantías cívicas (reunión, asociación, domicilio, etc.).

c) Legislación de huelgas, paros, arbitrajes y sindicatos.

d) Legislación del trabajo (jornada de ocho horas, jornal mínimo, mejoras del trabajo de la mujer, protección a las obreras en su embarazo y crianza, retiro de obreros ancianos, mejoramiento del seguro obrero de accidentes del trabajo en cuanto a su efectividad, seguro obrero contra enfermedades y accidentes fuera del trabajo, protección de inmigrantes, instrucción técnica de los aprendices, etc.).

e) Legislación de casa baratas.

f) Legislación de frutos menores.

g) Legislación de aranceles.

h) Legislación de cooperativas.

i) Legislación de fragmentación de latifundios y creación de una democracia agraria, fomentando el traspaso vincular de la tierra a los cultivadores directos.

j) Terminación del plan de carreteras.

F. Remedios demopsicológicos

Confianza en el esfuerzo nacional

a) Esta necesaria reacción contra el pesimismo reinante vendrá a medida que se vayan logrando reformas básicas, especialmente las siguientes: reforma electoral, reforma del Gobierno, y reforma de la Constitución. Y será señal inequívoca de que el pueblo cubano comienza a recuperar su confianza y de que sus destinos estarán asegurados con sus propias fuerzas, la de condenar a presidio y hacerle cumplir la pena a algún alto gobernante (político, militar, negociantes o juez), de tantos como hasta ahora lo han merecido.

Mientras este síntoma de regeneración del pueblo cubano no aparezca, será grave peligro el de su creciente anemia cívica.

Pero no debemos desesperar. Acaso caigan pronto, más pronto de lo que el pueblo imagina, los ídolos, carcomidos; y la juventud cubana podrá dar a la patria un porvenir realmente liberal, sanamente liberal, por siempre liberal. ¡Tengamos fe!

La resaca de la conmoción mundial que ha removido los cimientos de la vieja sociedad europea y ha avivado el vigor de las virtudes ciudadanas, llegará, sin duda y antes de mucho, a nuestras playas y arrastrará consigo todo el sistema de política parasitaria que desde 1902 ha ido enraizándose en nuestra tierra. Para pensarlo así creemos en leyes sociológicas, acaso no bien definidas pero irrefrenables, que hacen insegura la estabilidad de los regímenes podridos y estériles en los pueblos contemporáneos; creemos en la diplomacia americana mal informada a veces, pero sanamente dirigida y justa con Cuba siempre que hemos invocado con ciencia y constancia las grandes virtudes populares de esa potente democracia: y creemos en el vigor de la juventud cubana que se apresta a recibir la sagrada herencia de la generación, vieja, cansada y abatida.

Y es en la juventud nuestra más firme fe... La salvación de un pueblo no puede deberse fundamentalmente más que a su propio esfuerzo. Tenemos que rejuvenecerlo todo en Cuba; o resignarnos a llorar la lenta agonía de un pueblo bueno que moriría sin gloria, teniendo para un porvenir esplendoroso las más envidiables posibilidades.

La Habana, marzo de 1919.

La crisis política cubana; sus causas y remedios. La Habana, 1919.
La crisis política cubana; sus causas y concausas. Resumen de un libro que ya no se escribirá.
Heraldo de Cuba. La Habana, junio 23. 1919, págs. 1-2, 8.

La decadencia Cubana

Conferencia de propaganda renovadora pronunciada en la «Sociedad Económica de Amigos del País» la noche del 23 de Febrero de 1924.
Por Fernando Ortiz.

Señores:
Esta secular «Sociedad Económica de Amigos del País» no puede permanecer callada e inactiva en este gravísimo período que atraviesa nuestra patria, sin renegar de su luminoso pasado y sin afrentar la memoria de sus fundadores, grandes gobernantes y patricios cubanos, que en las tinieblas de una colonia negrera y absolutista supieron encender la llama de !a cultura nacional, y avivarla, y sostenerla cuando los embates de la tiranía y de la corrupción querían humillar y rendir la conciencia naciente de Cuba.

Así hubo de entenderlo esta corporación cuando hace próximamente un año acordó que se confiara a quien entonces era su entusiasta presidente, el doctor Raimundo Cabrera,[3] la iniciativa de una alocución a los compatriotas, que animara las energías latentes por la cultura y las vacilantes fuerzas de la fe cubana.

Obedeciendo a tal idea hubo de redactarse y ser dado a la publicidad, en Marzo de 1923, un *llamamiento a los cubanos*, cuyos eran estos párrafos que vais a oír:

---

3   Se refiere a Raimundo Cabrera Boch (La Habana, 9 de marzo de 1852-21 de marzo de 1923). Cuba. Padre, a su vez, de Lydia Cabrera. Ambos autores publicados por Linkgua. (N. del E.)

Nuestra patria está atravesando una pavorosa crisis. No es la crisis de un gobierno. No es la crisis de un partido, no es la crisis de una clase, es la crisis de todo un pueblo.

Con causas muy complejas que no toca analizar ahora; pero cuyas principales raíces son harto claras cuanto dolorosas, han ido socavando los cimientos de nuestras instituciones culturales con grave e inminente riesgo para todas las de la República.

El analfabetismo aumenta en proporción terrible. La universidad se agita en convulsión de medular dolencia. Los demás antros de educación no responden a las exigencias de la civilización contemporánea. El porvenir de Cuba está, pues, minado por su base, y el mero dinamismo que rigen la vida de las naciones, bastaría para poder asegurar con doliente certeza el aciago derrumbe de las libertades cubanas, si la acción de los elementos extraños que entrechocan sus impulsos en nuestros mares, no hiciera aún más peligrosa una indefensión nacional debida a la incultura.

La debilitación de nuestras energías para las ineludibles contiendas que impone la conquista del progreso, va trascendiendo a otros órganos vitales de la Nación; y si el abandono de la cultura nos llevaría fatalmente a la pérdida del futuro libre, no puede silenciarse que ya en el presente ha carcomido instituciones troncales y nos lleva desechos algunos jirones de libertad. Civilización y libertad son ideas que se compenetran y es inconsciencia creer que la libertad de un pueblo puede asegurarse sin el acrecentamiento de su cultura; como no es cierto que no se alcanza un alto nivel de civilización sin un heroico amor a la libertad.

En Cuba, más que otros pueblos, defender la cultura es salvar la libertad.

La «Sociedad Económica Amigos del País», depositaria del culto a los grandes patricios que nos dieron civilización, cree que en Cuba aun alientan poderosas fuerzas vitales, bastantes para que los cubanos podamos mostrar nuestra enérgica decisión de vivir como nación, sabiendo, queriendo, pudiendo conquistar nuestro porvenir por nuestra sola voluntad.

Solo es preciso que los elementos cultos de nuestra nación abandonen la pasividad infecunda del pesimismo y la desconfianza, y que fuera de toda idea partidista que desviaría los más nobles propósitos, organicen una regeneradora propaganda: avivando una fe, que el pueblo no ha perdido; implorando de las autoridades republicanas la creación de las escuelas que la libertad de nuestros hijos exige; llevando hasta las clases más abandonadas al anhelo de la cultura; reclamando la mayor eficiencia en todos los servicios públicos; robusteciendo en nuestra sociedad, por la fuerza incoercible de la opinión, el imperio del derecho y la efectividad de las sanciones jurídicas; y, en fin, dando a la sociedad cubana, y aun al extranjero que nos contempla, la sensación real de que Cuba tiene energías propias para asegurar su propio progreso y de que nuestra nación no ha de morir.

El porvenir de Cuba está hoy, como estuvo siempre, en poder de sus propios hijos. La fraternidad extranjera ha podido antaño y puede hoy día atenuarnos obstáculos y brindarnos colaboraciones estimables; pero no se salva pueblo que no se salva solo; ni puede nadie dar vida a una nación si ésta, en inconsciencia suicida, no quiere animar todas las energías de su ser.

La «Sociedad Económica de Amigos del país» suplica a todos los cubanos unos instantes de meditación, cuando allá en la santidad de los hogares, junto a la esposa que se ama y a los hijos que mañana serán nuestros jueces, puedan pensar, serenos y lejos de influencias y pasiones insanas, sobre lo que hemos hecho del gran legado nacional de nuestros padres y de si podremos trasmitirlo íntegro a nuestros hijos.

Y si el cubano medita acerca del triste futuro que a todos nos espera sin una inmediata acción salvadora surgirán de su ánimo vigores íntimos e insospechados y habrá, sin duda, de sentir impulsos hacia un movimiento renovador de las energías nacionales.[4]

Este llamamiento resonó en todos los ámbitos de Cuba y personalidades de las más representativas en el campo de la intelectualidad, las religiones y de la economía nacional respondieron con aplausos. Catedráticos y escritores, prelados y estudiantes, obreros y rentistas, y las más cultas de las mujeres cubanas, testimoniaron sus adhesiones y su advertencia del peligro.

Los temas referentes a nuestro retraso cultural fueron haciéndose de actualidad; nuevas organizaciones cívicas fueron surgiendo;[5] y más y más estudios técnicos demostraron el retroceso bochornoso de la instrucción en Cuba; otros analizaron aspectos no menos transcendentales de esta crisis; y llegó a formarse el convencimiento tristísimo de la creciente decadencia cubana; del pavoroso riesgo de disolución que corre la patria, y, lo que es más doloroso aún, de que los factores causantes de la misma siguen con desenfrenada insensatez arrastrándonos al abismo, y de que habremos de ser precipitados en él, si por un esfuerzo supremo de renovadora vitalidad cubana no logramos sacudir el peso de las infamias que están apartando a Cuba del fulgor de la civilización.

---

4   Este llamamiento a los cubanos fue publicado por varios diarios y puede leerse íntegro en la *Revista Bimestre Cubana*. Habana. Vol. XVIII. Año 1923.
5   Entre otras la Junta Cubana de Renovación Nacional, cuyo manifiesto del 2 de abril de 1923 fue reproducido por la prensa y por la *Revista Bimestre Cubana*, Vol. XVIII. Año 1923.

El alma cubana llegó a estremecimientos de indignación cuando al promulgarse una ley creadora de un nuevo monopolio contrario a las libertades económicas de Cuba y confiscatorio de ciertos intereses ferroviarios e industriales,[6] se descorrieron ante el extranjero los velos que cubrían nuestras lacras políticas, y pudo oírse la voz del anciano estadista, Mr. E. Root, ex-secretario de la Guerra de los Estados Unidos y autor verdadero de los preceptos de la Enmienda Platt, pedir a su gobierno, en un alegato forense,[7] la intervención americana en Cuba y la cesación de este gobierno cubano por la incapacidad de garantizar aquel respeto a los derechos cívicos, que en su forma especial es su obligación, por nuestro derecho público interno e internacional.

¡Dolorosos días aquellos del pasado estío!

De pronto pareció que la agudeza de la crisis iba a precipitar sucesos de trascendencia. Surgió en Cuba una organización cívica que todos creyeron revolucionaria,[8] y las otras propagandas de renovador civismo quedaron, naturalmente, en suspenso.

Mas, nada hubo de ocurrir, y tal parece que aquella tronada de agosto fue capricho de Júpiter, pasajera perturbación de canícula, que comienza por horrísono retemblar de olímpicos rencores, y languidece al llegar el frescor de la noche, en fatuo e intrascendente relampagueo, que a veces aun quie-

---

6   La llamada *Ley Tarafa*.
7   *Memorándum forense* elevado a la Secretaría de Estado de los Estados Unidos por la firma de abogados de New York, Root, Clark, Buckner & Howland, a cuya cabeza figura Mr. Elihu Root. El informe ha sido impreso en inglés bajo el título *The Tarafa Bill*. En otro memorándum suplementario de fecha 1 de Octubre de 1923, es decir después de promulgada la *Ley Tarafa*, se insiste en la petición intervencionista.
8   La titulada Asociación de Veteranos y Patriotas.

re rasgar las densas negruras presentes con vivas llamaradas de promesas y de fe.

Hay en el ambiente una quietud de pesadumbre que acongoja, como esas calmas calaginosas y sofocantes que preceden a los ciclones.

¿Cómo puede el cubano vivir sosegado y feliz?

¿Es que rutila ya en lo alto el naciente Sol de nuestro escudo? ¿Es, acaso, que la corriente de los sucesos amenazantes ha desviado su curso? ¿O la podredumbre ha sido curada por misteriosos ensalmos? ¿Hemos salido ya de la estrecha torrentera a que hemos sido llevados por las tormentosas avenidas de nuestra historia? ¿Nuestra débil canoa no corre ya peligro de quebrarse en las rompientes que se nos enciman? ¿Es, para decirlo con locución bien criolla, que hoy no estamos ya, como ayer estuvimos, «al borde de la piragua»?

Retórica vana habría de ser la que nos adormeciera de nuevo en la soñera de la inconsciencia y nos hiciera olvidar por mentidos patriotismos, vanidades inconsultas o ingenuidades indisculpables, las tristezas de nuestros males mortíferos.

La sociedad cubana se está disgregando. Cuba se está precipitando raudamente en la barbarie. ¡Sí! Y hay que decirlo rotundamente, y repetirlo a diario por hogares y escuelas, por talleres y salones, para que el cubano sienta todo el horror de su porvenir y el bochorno de su abatimiento actual; para que todas las fuerzas sociales, vírgenes o no rendidas se alcen en cruzada de renovación patriótica, y exijan e impongan el cumplimiento íntegro del viejo programa revolucionario cubano hoy olvidado, cuando no escarnecido; de aquel ideal que quería dar al pueblo una cultura, que hoy se va perdiendo, una moral pública y privada que se va disipando, y una robustez económica que se nos está yendo sin sentir; de aquel programa de las mambisas que cosieron la bandera para una nación con vida de gloria, no para mortaja gloriosa de un pueblo bueno, heroico, que no quiere, que no debe y que no puede morir.

No es antipatriótico reconocer las debilidades de nuestra vida nacional, para que el pueblo cubano recobre la conciencia de sus necesidades y pueda en uso de su soberanía quemar la podre que lo aniquila; ante al contrario, es maldad sin perdones callarle la verdad, fingirle bienandanzas, mentirle halagos, cariños y devociones.

Cuando la patria se pierde para nuestros hijos y agoniza clavada por la infamia de los padres, es crimen, abandonarnos al comodón, perezoso y timorato silencio de los que creen que ya han cumplido sus deberes si han lavado sus manos en el agua de Pilatos, o, peor aún, al desenfreno de los que rasgan las patrias vestiduras para repartirlas en botín de oprobio, mientras se grita ¡Viva Cuba libre!, como aquellos réprobos que crucificaron la Sublime Idea en un calvario, y saludábanla en escarnio ¡Ave, Rey de los Judíos!, y a sus pies ensangrentados jugaban a dados sus últimos ropajes, le daban a beber el más amargo de los vinos, y hasta apremiaban a la muerte con certera lanzada pesimismo!

¿Diréis que alienta en estas palabras agobiante pesimismo?

¿Que las negruras que nos rodean son hijas del delirio, fantasmas de ensoñación? ¡Oh, no! ¡Por desventura nuestra, no! Y lo vais a ver.

Pese a lo embrionario de nuestras estadísticas, éstas han bastado para graduar nuestra decadencia, para medir nuestra caída. No son necesarios instrumentos de mucha precisión cuando las variaciones son de gran escala. Y aun en aquellas actividades sociales todavía desprovistas aquí de apreciación numérica, son de tal naturaleza las desviaciones y los retrogresiones de la sana normalidad que el más inexperto puede sentirlas.

Comencemos por el examen de ciertos índices de nuestra instrucción popular. La cultura cubana está en grave riesgo de irse debilitando hasta poner en peligro la capacidad para el gobierno propio.

En estos tiempos en que las energías expansivas de la civilización aumentan su acción progresiva, merced a la rapidez de las comunicaciones, a la internacionalización de la economía, a la difusión creciente de la prensa y de las ideas y al mayor dominio de las faenas de la naturaleza por la ciencia, cuando la humanidad se está desgarrando para engendro de nuevas civilizaciones, es peligro inminente permanecer en estado de semicultura, con una población sin técnicos, sin aristocracias mentales, indefensa ante las exigencias de la cultura universal, desdeñosa de sus ideas, incapaz de comprender las orientaciones contemporáneas y de incorporarse a las corrientes del progreso con valimiento propio. Hoy, como nunca acaso, son los pueblos más cultos los más fuertes, y solo en la verdadera cultura puede hallarse la fortaleza necesaria para vivir la vida propia sin servidumbres.

En Cuba el 53 % de sus habitantes no sabe leer y escribir.[9] Estamos en la escala de la instrucción por debajo de todas las Antillas inglesas, habitadas casi totalmente por negros.

Pero esa cifra revelaría tan solo una situación de atraso, que podría ser transitoria y de remedio seguro, más o menos lento, si otros datos comparativos no nos mostraran lo pavoroso de nuestra impreparación, sin alivio alguno y de galopante anemia.

No progresamos, tampoco permanecemos en un estado de estancamiento; es que retrocedemos, es que estamos perdien-

9   Censo de Población de 1919.

do civilización en proporciones tales que son ya apreciables por la estadística de un veintenio.

La instrucción pública está en retroceso tan grave que, si continuara, la próxima generación entraría en la categoría de los pueblos no civilizados.

Más de la mitad de los niños que según la Constitución debieran recibir una instrucción que es obligatoria, no van a la escuela. El 68 % de los niños cubanos no entran en los colegios.

Como puso de relieve un pedagogo tan avisado como el doctor Ramiro Guerra, de «1907 a la fecha los analfabetos entre los adolescentes blancos ha sido de un 15 % y entre los de color de un 22 por 100».[10] En quince años, pues, el analfabetismo ha crecido en la misma proporción en que debiéramos haberlo disminuido, y aún con mayor premura, para ponernos en una generación al nivel de los pueblos americanos de consolidada civilización.

La pluma incisiva del buen amigo del país señor Carlos M. Trelles, ha penetrado bien en la llaga. En 1900 el 16 % de la población cubana estaba matriculada en las escuelas, ¡gloriosa proporción que nos hacía sobrepujar a Noruega, a Francia, al Japón, a Australia!; hoy solo se matricula el 9 % ¡casi la mitad!"[11]

En 1900 asistían a las escuelas 75 alumnos por mil habitantes; en 1902, 72; en 1907, 63; en 1920, solo 50 ¡una tercera parte menos! En 1900 concurría el 7.5 %, hoy el 5 % tan solo.[12]

10 Ramiro Guerra. *Un programa nacional de acción pedagógica*. La Habana. 1922.
11 Carlos M. Trelles. *El progreso y el retroceso de la República de Cuba*. Matanzas. 1923.
12 Carlos M. Trelles. *La instrucción primaria en Cuba comparada con la de algunos países de América, Asia, África y Oceanía*. La Haba-

Pero aún es más grave nuestra incuria, y no por culpa del Magisterio. Noventa y cinco (95) por ciento de los niños que asisten a la escuela salen de ella, según el doctor Aguayo, en un estado tal de incultura, que acaso sea más perjudicial que el de la ignorancia completa. Y de cada cien niños ¡uno solo! llega al quinto grado. De los ocho grados de estudios, 75 % de los matriculados trabajan en los dos grados inferiores y solo el 25 % en los seis restantes. En 1919, de un total de 234,000 escolares solo 25 % terminaron sus estudios, o sea ¡el 0.30 por 100! Es decir que por cada 100 alumnos de instrucción primaria, *¡ni uno solo completa sus estudios, y sí uno solo por cada 215 niños!*[13]

Así es que nuestros infelices cubanitos salen del colegio, cuando han concurrido a él, a la edad de trece o catorce años, con una instrucción propia de los ocho o nueve, y no asisten después a ninguna otra enseñanza; simbolizando así el estado de la cultura nacional: república del siglo XX con mentalidad y hábitos de mediados del siglo XIX.

Desde que se formó la República, ni una sola casa escuela se ha construido en las poblaciones, y solo unas ochenta en barrios rurales.[14] Las escasas escuelas de Cuba carecen de condiciones pedagógicas e higiénicas y cuestan de renta ¡$750.000 al año![15]

Solo hay una sola escuela rural en toda Cuba, nación agrícola, que merezca ese nombre, ni tampoco existe una sola escuela primaria superior para los adolescentes, y no tenemos en Cuba más que una escuela de Artes y Oficios, en la Capital, de insuficiente dotación.

---

na, 1924. Se publicó en *Cuba Contemporánea* (diciembre de 1923).
13 Ramiro Guerra. Ob. cit.
14 Ibídem.
15 Ibídem.

Los negritos y los pieles rojas de los Estados Unidos tienen más instrucción que el pobre hijo de *Liborio*. Pensad en lo que todo esto significa. ¡Le estamos robando a *Liborio* más que su dinero y su tierra, su porvenir libre!

Lo decíamos ya hace un rato:

«Si continuáramos en ese estado de decadencia escolar y la próxima generación creciera tan impreparada como la que ahora llega, nuestras libertades carecerían en el futuro de su más firme sostén, el de la civilización, y Cuba vendría a ser como un gran batey de una empresa, que entonces no sería nuestra, y los cubanos no podríamos ser en el suelo que un día habría sido rico y solariego fundo de nuestros padres, sino humildes oficinistas o simples cortadores de caña ajena.»

«Si la instrucción, primaria es deficiente, la secundaria y la superior están en ruinas, y los centros complementarios o no existen o carecen de la trascendencia educativa que Cuba requiere; los Institutos, con planes inadecuados y sin orientaciones modernas, sin material ni gabinetes, sin profesorado bastante y con excesivos contactos con centros escolares privados, están acusados por la opinión pública de permitir a veces inexcusables y simoniacos favores académicos; y no responden ya en realidad a los requerimientos de una joven República que necesita aspirar la civilización contemporánea a todo pulmón.»

«La universidad ha mostrado no ha mucho hasta donde llegan sus dolencias, hasta la indisciplina de sus profesores que o no saben cumplir sus altos deberes y hasta la impotencia real de hacerlos cumplir, a que han llegado las autoridades universitarias y gubernativas. Y todo ello agravado por la perpetuación de unos planes de enseñanza forjados o deformados al conjuro de intereses personales; sin profesorado suficiente; sin materiales ni laboratorios, ni elementales ni de investigación; sin locales apropiados y con un régimen de admisión de estudiantes, de matrículas, de distribución de asignaturas y de lenidad de exámenes, que es fomentador del excesivo profesionalismo, uno de nuestros males muy senos.»

Esta infecunda organización escolar contribuye a nuestro retroceso, en vez de constituir el tratamiento vigorizador que debiera asegurarnos un lisonjero futuro, pues en vez de educar al pueblo y darle armas para la vida, lo entrega inerme a las agresividades de las luchas económicas, y en vez de preparar un necesario grupo de verdaderos intelectuales, núcleo director de la sociedad cubana al frente de sus diversas clases, solo es eficaz para producir una cantidad de profesionales realmente excesivos, que se esteriliza y pierde en gran parte, viviendo una vida de burocracia o lo que es peor en las depredatorias actividades de la política paritaria del día.

Si tal es la paupérrima condición de nuestras instituciones educativas y de la instrucción popular, veamos si podemos interpretar lo que nos dicen otras cifras, que bien pueden ser tenidas por coeficientes métricos de moralidad y de justicia.

Esta indispensable base de todo Estado civilizado, la justicia, está resquebrajándose en hondas grietas.

La República ha otorgado en sus primeros veinte años de existencia 16 leyes de amnistía,[16] en las que, fuera de los pocos casos justificables de delincuencia política, han sido beneficiados criminales de toda especie, no pocos de los cuales han podido así ocupar cargos públicos, y algunos han sido obsequiados con favores realmente individuales, sin una motivación genérica para encubrirlos.

Al compás de las amnistías ha sido el abuso de los indultos a los criminales de toda laya, favorecidos por la política o la

16 *Gaceta Oficial.*

familiaridad con los poderosos, no siempre esquiva, según la opinión pública, a solicitaciones interesadas.

La estadística es bien elocuente.

El presidente Estrada Palma concedió un promedio mensual de 6 indultos, 46 Magoon, 29 Gómez, 30 Menocal y Zayas 33, más de un indulto diario.[17]

Y aun pudiéramos añadir, para nuestro sonrojo, que en materia de indultos, va en aumento el favor en pro de aquellos criminales de mayor temibilidad social, o sean los asesinos, es decir no los simples homicidas, sino precisamente los asesinos, entendida sea esta palabra en todo su macabro sentido legal. Lo dice el más insospechable de parcialidad, aunque el más acerbo de nuestros grandes diarios, la *Gaceta Oficial.*

Estrada Palma en 54 meses de gobierno agració a 6 asesinos. Gómez en 52 meses a poco más el doble, o sea 15; Menocal en 96 meses de presidencia, aproximadamente en proporción doble que Gómez, o sean 50; y Zayas, en sus primeros 25 meses de poder, indultó 55 asesinos, ¡más que Menocal en ocho años![18]

Y aún pueden estos últimos datos ser subrayados así. Si en los dos últimos años fiscales se han indultado 55 asesinos, si pueden calcularse, como en otros años de pública estadística, en solo un 26 % las condenas que normalmente recaen sobre las causas radicadas por asesinato: debe pensarse que en dichos dos años el número de asesinos por la gracia presidencial favorecidos es una tercera parte mayor que la cifra de los asesinos condenados. Tiene más premura el Estado en perdonar que los asesinos en hacer morir.

17 Carlos M. Trelles. Ob. Cit.
18 Carlos M. Trelles. *Revista Bimestre Cubana*. Vol. XVIII. Año 1923.

La repugnancia que inspiran estos hechos se agrava aún sabiendo que no a piedades supersensibles ni a supremas finalidades sociales, débese al despilfarro de la gracia remisoria, sino a razones de políticos, necesitados del concurso de sus naturales colaboradores, como se deduce fácilmente observando, según ya ha indicado Trelles, que en Octubre de 1916, el mes antes de las elecciones presidenciales, el presidente Menocal concedió 231 indultos, y que en Septiembre de 1920, también inmediato a las elecciones presidenciales, otorgó 75 perdones de los cuales 19 en exclusivo favor de asesinos, a quienes indultó totalmente; y, en fin, que el presidente Zayas en Octubre de 1922, otro mes antes de elecciones parciales, firmó 63 indultos, o sea alrededor del doble de su promedio mensual de gracias.[19] Y así la Suprema magistratura del Derecho, ha venido convirtiéndose en Supremo patronato del crimen.

No es de extrañar, pues, que en las pasadas elecciones, más del 20 % de los candidatos postulados por los partidos políticos tenían antecedentes penales definidos por fallo judicial ejecutorio.

No puede asombrarnos ya que el Congreso haya convertido la noble inmunidad parlamentaria contra el tirano en privilegiada impunidad contra la justicia. Ni que la Cámara de Representantes haya otorgado en toda su existencia, tres solas autorizaciones para encauzar a congresistas (tres de los varios casos de homicidios) y haya denegado unos 700 suplicatorios judiciales, también con escala creciente de fácil interpretación. Durante los cuatro años de Palma hubo 42 impunidades; 35 durante Gómez, ¡279! durante Menocal y ¡356! en los dos primeros años de Zayas. Aunque muchos de

19 Carlos M. Trelles. Ibídem.

los suplícatenos se refieren a infracciones correccionales, el valor ético de la negativa no se altera.

Y análoga estadística ofrece el Senado.

Tampoco puede causarnos extrañeza que los cuerpos de policía, es decir, de cuidadores del orden, estén tan nutridos de delincuentes que el Gobierno, confesándose impotente para separarlos del servicio de vigilancia, ordenara no ha mucho que éstos no llevasen armas, quedando así sin fuerza material, los que ya habían perdido la moral, para imponer respeto a la ley.

¿Que los indultos y amnistías brotan de la piedad? ¿Por qué entonces, ésta huye de las prisiones cubanas, «seminarios del crimen», «causas, de delincuencia» según las han calificado varios de los fiscales del Tribunal Supremo. Solo en limpieza son algunas excelentes. ¡Pero si los reclusos apenas hacen otra cosa que limpiar los suelos!

Decíamos en otra ocasión:

«Las prisiones de Cuba, aparte de una limpieza más o menos sostenida, no se han alejado técnicamente de la cárcel colonial, inmundo amontonamiento de delincuentes de todas clases y edades, y a veces hasta de sexos, donde las ideas de mejoramiento moral no tienen entrada, donde la ociosidad pudre y la convivencia contamina, y donde a menudo la autoridad explota y veja. Jamás los gobiernos han hecho nada práctico para borrar de Cuba esa vergüenza medioeval, y el pueblo, que conoce la ineficacia penal de las prisiones y observa en ellas la ausencia de los más conocidos criminales de Cuba, halla un nuevo estímulo para perder su necesaria fe en la justicia.»

«La justicia va dejando de ser el firme baluarte de toda sociedad republicana, aquí donde a pesar de sueldos deficientes y muy escasos estímulos, no faltan Magistrados probos y cultísimos.»

«En el nombramiento de Jueces y Magistrados intervienen con culpable exceso los intereses, políticos, y, con triste postergación de funcionarios íntegros y capaces, han sido elevados a las más altas magistraturas nacionales letrados de actividades torcidas por las pasiones de la política o de prestigio profesional no bien consolidado en el foro; y este factor disolvente actúa desde el Tribunal Supremo hasta la última categoría judicial.»

«La corrupción, que ha cundido por todas las esferas administrativas, no ha perdonado la administración de justicia y con desconsoladora frecuencia, la lucha del foro, más que abierto torneo de criterios jurídicos, es tenebrosa emboscada de cohechos.»

«El Ministerio Público se ha significado por su ineficacia en la persecución de los más grandes criminales, y su organización dependiente del Poder Ejecutivo lo ha ido llevando a desviar su acción, cuando ha encontrado a su paso delincuentes gubernativos o políticos, y, en general, a una gran lenidad en el ejercicio de sus altas y nobles funciones.»

«Esta ineficacia creciente de las instituciones judiciales se agrava por la vigencia de leyes de procedimiento anacrónicas de trámites dilatorios, de preceptos formulistas de excesiva letra y raquítico espíritu, que nos dan a veces una aparente justicia exclusivamente legalista basada en el cumplimiento de la ley, y en realidad contraria a toda mi equidad y fundamental derecho.»

La escasa estadística conocida parece probar que de cada 100 causas iniciadas por asesinato, homicidio o disparo de arma de fuego contra determinada persona, se obtienen aún menos de 27 condenas, y de cada 100 radicaciones por la totalidad de los delitos, solamente se alcanzan unas 14 sentencias condenatorias (solo 11.20 % en 1914)[20] mientras, en los pueblos no enfermos el promedio suele ser del 50 por 100[21] y aun inspira la demanda de constantes mejoramientos policiacos y procesales.

Y así, por actos del Gobierno, del Congreso y de los Tribunales, ha ido formándose en nuestro pueblo la que pudiéramos llamar «conciencia pública de la impunidad», la triste cuanto arraigada convicción de que en Cuba no hay sanción para los crímenes y delitos, y que las exigencias de la moral, de la religión y de las leyes no rezan para los altos políticos ni para sus insignificantes protegidos, con evidente y fatal debilitamiento de la fe popular en las instituciones republicanas de nuestra patria.

¿Pero la estadística criminal no nos demuestra, acaso cuáles son las consecuencias de esa conducta? Limitándonos a los parciales y escasos datos publicados por las autoridades y rebuscando en el expedienteo de las oficinas, hemos logrado recoger algunos elementos muy expresivos, referidos exclusivamente a los delitos de más indubitada interpretación sociológica, o sea, aquellos contra las personas (parricidio, asesinato, homicidio, disparo de arma de fuego y lesiones), contra la propiedad (robos, hurtos, estafas, falsificaciones de documentos públicos y privados), y contra la honestidad (violación y abusos deshonestos, estupro, corrupción de menores y rapto).

Del examen de las cifras radicadas en los nueve últimos años por los Juzgados de Instrucción de la República, es decir, sin calcular ni un solo delito ni una sola jurisdicción correccional pueden deducirse estas conclusiones de gran bulto.

20   Anuario publicado por la Secretaría de Justicia. 1914-1915.
21   *The World 1924. Almanac and Book of facts.*

La delincuencia aumenta en Cuba de un modo vertiginoso, en una proporción, englobando todos esos cálculos, mayor que la del crecimiento de la población nacional, que en cifras aproximadas y redondas puede fijarse a razón anual de un 3.5 %, mientras alcanza a una proporción diabólica el incremento de la criminalidad.

Analicemos brevemente. Si los parricidios y asesinatos se mantienen en este último novenio sin variante especial, los homicidios, 277 en 1914, suben a 755 en 1922-1923, en proporción apreciada *grosso modo* de más de un 20 % cada año, notándose una disminución a partir de 1920-21, el terrible año de la ruina y hervor electoral, cuando alcanzamos la cifra de 893 homicidios. El crecimiento de esto sería, pues, unas seis veces más rápido que el de la población de la República.[22]

Los delitos de parricidio, asesinato y homicidio juntos, o sean las occisiones criminales (aun prescindiendo de que muchos de esos delitos, al frustrarse, suelen desaparecer bajo el epígrafe legal de los disparos de arma de fuego) ascendieron de 357 en 1914 a 833 en 1922-23, en una rapidez aproximada de 15 % anual, o sea de cinco veces la de la población.

22 Los datos estadísticos de la criminalidad en Cuba, están tomados de las siguientes publicaciones oficiales: *Memoria de Estadística Judicial. Quinquenio 1909 al 1913*. La Habana. 1915. *Anuario de Estadística Judicial y Penitenciaria. Bienio de 1914-1915*. La Habana. 1917. *Memorias de los fiscales del Tribunal Supremo, correspondientes a 1899-1900 y 1900-01, 1918, 1919, 1921, 1922, 1923*. (Las memorias de los años intermedios o no llevan estadística o no fueron publicadas.) Debemos consignar un aplauso al señor doctor Cristóbal Laguardia, único Secretario de Justicia que se ha ocupado de hacer y publicar estadística judicial. Los datos comparativos de la delincuencia y suicidios americanos, están tomados de las estadísticas del doctor L. Hoffman. *The Spectator*. N. Y. y de los datos oficiales recopilados por *The World 1924. Almanac and Book of facts*.

Tenemos unos 269 casos de occisiones por cada millón de habitantes, mientras que en los Estados Unidos, país de los más castigados por el homicidio, la proporción es de 85, una tercera parte.

Esta comparación muestra cuán bárbaro desprecio tenemos a la vida humana y cuán inaplazable es la necesidad de dar una batida enérgica a la criminalidad.

Los disparos de armas de fuego contra determinadas personas se duplican en cinco años, o sea: de 380 en 1917-18 pasan a 759 en 1922-23, a razón ¡del 20 % anual! Este delito, como el de homicidio, que le es tan próximo, crece de seis veces más deprisa que la cifra de los habitantes de Cuba.

Si sumamos los disparos a las occisiones, ocurridos en 1922-23, y recordamos el escaso uso del arma blanca entre nosotros, podremos afirmar que *cada día del año cuatro habitantes de Cuba pagan su tributo a la barbarie,* significada por el imperio de S. M. el Revólver.

Los delitos de lesiones denunciados, sin calcular los de la competencia de los Juzgados Correccionales, fueron 1,241 en 1914 y 2,467 en 1922-23, con un aumento próximo al 13 % anual, cuádruple del demográfico. Todas las cinco clases de delitos de sangre agrupadas en el esquema estadístico citado presentan un aumento promedio anual del más del 11 %, mientras que el de la población, recordémoslo, es solo un tres y medio. Es decir, que en Cuba la criminalidad de sangre, la violenta, la más atávica, progresa, si esto es progresar, tres veces más que la cifra total de los habitantes de Cuba.

Volviendo a las occisiones delictuosas, digamos que en 1920-1921 llegaron a la estupenda cifra de ¡982! En 1914 tuvimos unas 148 muertes criminales por millón de habitantes, en 1917-18 ya alcanzamos aproximadamente unos 246 por millón de almas, y; en 1922-23 llegamos a 269, habiendo saltado en 1920-21 hasta unas ¡339 occisiones por millón!

Dicho sea en otra forma. En la actualidad (1923) anualmente, de cada mil habitantes de Cuba, ¡más de uno!, muere o ha corrido el peligro mortal por obra delincuente. Esto es pavoroso, hay que acudir a la Calabria y a Sicilia de hace cuarenta años para hallar tales proporciones.

Los delitos contra la propiedad crecen también desproporcionadamente a la marcha de la población. Los robos, denunciados. 2,332 en 1917-18, son ya 3,449 en 1922-23, mostrando un crecimiento a razón del 10 % anual. Los hurtos no acusan aumentos extraordinarios, pues fueron 2,134 en 1917-18 y son 2,353 en 1922-23, si bien 1920-21 dan un salto hasta ¡4,033!, así duplicándose en un solo año, por coincidencia, también de elecciones y de la conmoción económica. En cambio, las estafas aumentan de 1,273 en 19717-18 hasta 2,038 en 1922-23, en proporción más del duplo de la del desarrollo de la población.

Puede decirse sistemáticamente que los delitos contra las personas aumentan a razón mayor del triple que la proporción del crecimiento del número de habitantes; que los delitos contra la honestidad a razón del doble, también. Es decir, y véase la gravedad del caso cubano: *la criminalidad aumenta en intensidad, y de ella aumenta más la delincuencia más gra ve*, decir, la más ruda e incivil, la de más temibilidad social. Y aun se ve, para más negrura, que entre los delitos económicos, el que más se intensifica es el robo y entre los de sangre los que más crecen son los de homicidio y disparo contra persona, en proporción aterradora. Todo ello demuestra, si recordamos las geniales teorías que expusieron Lombroso y Nicéforo sobre la evolución de la criminalidad, que también nuestra delincuencia va perdiendo su cultura, va retrogradando, haciéndose más violenta y primitiva, en vez de más astuta y progresista, como en los demás países del mundo de cultura normal. Si «cada pueblo tiene la criminalidad que merece», según parafraseó Lacassagne, Cuba cada año está mereciendo unos delincuentes peores. No es totalmente cierto, como muchos profanos e ilusos han dicho, que por cada escuela que se abre se cierra una cárcel, porque la ignorancia no es la única concausa de la delincuencia ¡pero es seguro que las escuelas disminuyen los asesinatos, homicidios, disparos y robos y que, al conjuro de la ilustración, también los criminales progresan y su temibilidad social es menos trascendente.

Si del campo de los actos antisociales que merecen la acción primitiva del Estado, pasamos a los que simplemente obtienen sanción moral de la sociedad, el cuadro cubano es igualmente desconsolador.

El juego por su extensión y publicidad es ya una afrenta al decoro nacional.

La estadística no puede darnos el número de rifas, loterías, apuntaciones, *chivichanas*, *bolitas* y juegos prohibidos que existen por tolerancia y comensalismo gubernativos; pero las casas de juego son actualmente públicas en Cuba. Y no solo en las grandes poblaciones, pues hasta el ignorante guajiro tienden sus tentáculos el vicio, tanto que vuelven a ser de triste actualidad aquellos atinados juicios y protestas de José A. Saco en su famosa y casi secular *Memoria sobre la vagancia y el juego*, que escribiera para esta misma «Sociedad Económica de Amigos del País».

Esta libertad de garitos; unida a la lidia de gallos, a la lotería del Estado, con sus secuelas corruptoras de colecturías y *botellas*, y a los juegos de pelota, carreras de caballos y centros mal llamados, fomentadores del turismo, hacen que los explotadores de los turistas y de los cubanos, anuncien a Cuba en el extranjero con el apelativo de *Montecarlo de América*, para vergüenza nuestra y provecho de la protegida tahurería.

Tampoco la estadística puede brindarnos, después de la prostitución reglamentada, una indicación del incremento de ésta, pero no cabe desconocer su intensidad y su exhibición denigrante, hasta hacer que algunos inocentes programas de atractivos para viajeros, anuncien un paseo a cierta calle de santo nombre e inmundo ambiente, como una excursión de las más características y típicas de las costumbres y cosas de capital de nuestro país.

Subraya esta creciente corrupción el incremento de los delitos contra la honestidad, desde 1,564 en el año 1914 a 2,903 en 1922-23. Y mientras los delitos violentos de esta categoría, o sean la violación y el estupro, permanecen estacionario el primero y en disminución el segundo, la corrupción de menores cuya tristísima trascendencia no hay que recordar, pasa de 22 casos en 1912 a 96 en 1922-23, ¡el cuádruple en diez años! El rapto, que como delito puede ser apreciado con criterio diverso del Código, pero que como fenómeno no puede por cierto llegar a tenerse como indiferente a la ética, acusando por lo menos una anomalía en la solución moral de las aproximaciones conyugales, ha aumentado desde 1,241 casos, en 1914, a 2,467 en 1922-23, o sea en razón casi cuádruple del crecimiento de la población.

Pero aun debemos a la fría estadística otras cifras, que son también como índice desconsolador de nuestro estado penoso de abatimiento.

En 1899-1900 se suicidaron en Cuba 133 personas, y en 1917 nada menos que ¡800! *¡Más que sextuplicado el suicidio en 17 años!* Y en 1922-23 esas desgracias suben a ¡985!

¡Más que septuplicada en 22 años! O, lo que es igual, la creciente proporción de suicidios viene a ser de 328 por millón, mientras que el Estado de New York, a pesar de su vida agotante, solo llega a 132 por millón, y en la totalidad de los Estados Unidos la escala de suicidios es descendente, de 160 casos por millón, en 1912, a 126 en 1921. *Los habitantes de Cuba tienen ocho veces más deseos violentos de morir que los vecinos del Norte*; aquí, donde todo debiera ser himno a la vida.

Estos perfiles no pueden ser borrados por esta otra lisonjera observación que nos agrada precisar.

La proporción de extranjeros condenados es siempre mayor que la de cubanos. En 1915 (último dato obtenido) del número de ejecutoriados por las Audiencias 2,070 eran hijos de Cuba y 516 de allende el mar; y de los castigados por la justicia correccional 5,693 eran cubanos y ¡2,590! extranjeros.[23] Como quiera que la proporción de la colonia extranjera no pasa de ser (1919) el 11.7 % del total de habitantes,[24] el dato antecedente puede ser un consuelo, que, sin embargo, no reduce las culpas nacionales causantes de tal ambiente criminógeno; aun cuando nos conforta para dar alientos a esperanzas de mejoramiento, ya que, indudablemente en ese asunto vital de la criminalidad, como en otros, *lo peor de Cuba no es el pueblo cubano*.

Este intolerable descenso en los órdenes intelectual y moral no puede ser encubierto por las recientes satisfacciones de la prosperidad económica. Es cierto que el ventajoso precio del azúcar y del tabaco en estos últimos tiempos, ha hecho

---

23 *Anuario de Penitenciaria y Judicial. 1914-15*, de la Secretaría de Justicia.
24 *Censo de Población, 1919.*

renacer en muchos el optimismo de hace apenas un lustro, cuando las ganancias locas de los días de la guerra.

Pero aparte de olvidarse con frecuencia lo experimentadamente inestable de nuestra economía nacional, así la privada como la pública, basadas aquélla en una sola industria agraria y ésta en un impuesto básico arancelario, es lo cierto que por de ras de los cañaverales y del humo de las tumbas y fogueras del monte virgen pueden nuestros ojos observar como los enriquecimientos individuales no logran desvirtuar la significación de los siguientes hechos, de importancia indubitada para la vida republicana de Cuba.

La importancia económica del extranjero en Cuba ha ido creciendo más y más. Aunque la estadística es también inconcluyente en este aspecto culminante de nuestra vida económica, puede hoy calcularse, según opina personalidad tan autorizada en estos estudios como el señor Aurelio Portuondo, que las dos terceras partes de la industria azucarera de Cuba son americanas, quedando el resto para los cubanos y para los españoles que en el campo de la economía pueden considerarse aquí como nacionales.

Según datos registrados por el Censo de 1919 acerca de la producción de la zafra de ese año, solo el 27.4 % de aquélla fue de centrales cubanos, el 13.9 de españoles, el 56.1 de otros extranjeros, y el 2.6 de compañías cubano-americanas. De modo que ni la tercera parte de la industria sacarífica está controlada por ingenios realmente cubanos.

Otras observaciones de la zafra de 1920 demuestran que de 25,903,665 sacos de azúcar de 325 libras, 14,990.023 sacos eran de compañías americanas, o sea el 57.8 %, y si se añaden otros 3.125,107 sacos de ingenios financiados por americanos, el total de sacos controlados por americanos fue de 18,115,132 o sea el 69.9 del total de la zafra.[25]

Y los ingenios de más capacidad, mejor equipados y con más reservas de tierras nuevas acaparadas, son los americanos. Los ingenios americanos alcanzan en 1921 un promedio de producción por ingenio, de 203,538 sacos, los ingenios cubanos un promedio de la mitad o sean 104,355 sacos, y los centrales de españoles llegan a 114,291 sacos.[26]

Es verdad que, en cambio, puede estimarse que el 95 % del total de las colonias o plantaciones cañeras pertenecen a hispano-cubanos, pues exceptuando dos grandes centrales americanos que siembran por administración toda su caña, en los demás no sucede así.[27] De estos datos tendríamos, y ello es realmente confortante, que recordando como el valor de toda la producción azucarera puede dividirse en dos mitades, una para el batey o industrial, y otra para el campo o agricultor, el americano tendrá alrededor de un 35 % del total de ese valor y un 65 % los hispano-cubanos.

Pero, considérese que por el régimen de contratación agraria al uso, el central generalmente financia al colono, posee la tierra le manipula y le vende los azúcares y lo controla, en

---

25 Henry A. Rubino. *American Capital invested in the sugar industry of Cuba*. Es un documentado informe presentado el 19 de Diciembre de 1921 al Comité de Finanzas del Senado de los EE.UU. por ese hombre de negocios. Publicóse en *The Economic Bulletin of Cuba*. La Habana. Vol. I. pág. 5 y siguientes.

26 Informe de Mr. John Rogers ante el Comité de Finanzas del Senado de los Estados Unidos. Puede leerse en *The Economic Bulletin of Cuba*. La Habana. Vol. I. pág. Esos datos están basados en *Poor & Moody. Manual of Industries*.

27 Cálculo del señor Aurelio Portuondo, representante de la «Asociación de Hacendados y Colonos» en la «Comisión Comercial Cubana», que, en 1921, informó ante la Secretaría de Estado de los Estados Unidos.

fin, se verá cuan trascendente es para la economía nacional el efectivo predominio del extranjero en los medios de producción, aparte del significado de las utilidades, que en forma de dividendos para sus acciones se ausentan a cada zafra del país.

Sería interesante conocer la extensión de territorio cubano que ha pasado al dominio privado de empresas extranjeras; pero no hay estadística fehaciente que nos lo diga. Nos hemos pasado años clamando *¡la tierra se nos va!* y nuestros gobiernos ni siquiera han distraído su atención en observar ese fenómeno y en traducirlo clara y públicamente a números.

En 1920 se atestiguó, con una base bastante analítica, ante el Senado Americano que las compañías azucareras americanas poseían en Cuba, en dominio o arrendamiento, 4.459,407 acres de tierra.[28] Esta cifra no es totalmente exacta y debe de ser algo menor, porque comprende alguna compañía que, aunque legalmente americana, es decir, domiciliada en los Estados Unidos, está dominada por los tenedores hispano-cubanos de sus acciones; ni se calculan los accionistas cubanos de algunas empresas americanas; pero atendiendo a que en esa estadística no se incluyen las otras propiedades, podemos aceptar provisionalmente aquella cifra, y deducir a su vista, que de los 107,924 kilómetros cuadrados que tiene la isla de Cuba, unos 18,045 kilómetros son de propiedad o control americano es decir el 16.72 % del territorio nacional, o sea una extensión aproximada a las de las provincias de Matanzas y Habana, conjuntamente, incluyendo en ésta a Isla de Pinos. Y si se tiene en cuenta que esas tierras son en gran parte de las dedicadas al cultivo y, por tanto, de las de

28 Rubino. Ob. Cit.

mayor valor, podrá comprenderse el real significado de ese porcentaje de tierra.

No todos esos terrenos están sembrados de caña porque se ha calculado que para la zafra de 1919 debieron de haber solamente unos 2,203,603 acres[29] o sean unos 8,916 kilómetros cuadrados de cañaverales, equivalentes a la mitad aproximada de la extensión de aquel territorio extranjerizado; y es natural que en la otra parte sin cultivo entre las tierras ocupadas por bateyes, potreros, montes, sabanas, ríos, lagunas, caminos, guardarrayas, ferrocarriles y las grandes reservas de terrenos vírgenes que han adquirido las nuevas grandes compañías azucareras de Vueltarriba; pero, indudablemente, son todos campos de los más feraces de Cuba, el asiento de su riqueza, y por ello, ese porcentaje de tierra tiene un significado no compensable con una extensión igual del resto del territorio.

Y las minas son extranjeras.

Y los ferrocarriles son extranjeros, aun los más pomposamente exhibidos como de compañías cubanas. Y los teléfonos. Y los muelles. Y, sobre todo, los bancos, ya que bien pocos de los que había hispano-cubanos, han logrado resistir el sacudimiento de 1920.

Todo esto, sin analizar las transformaciones económicas y agrarias que tienden a convertir al antes soberano sitiero en dependiente o bracero a tarea o a jornal; y soslayando el complejo, cuan riesgoso problema, que va surgiendo del creciente latifundismo, que en el siglo XX puede casi reproducir el fenómeno de las llamadas manos muertas conventuales, con territorios tan extensos que en otros países serían provincias, con campos que son horizontes, con bateyes que son ciudades, con ferrocarriles, muelles, tiendas, hoteles, vivien-

29 *Censo de Población, 1919.*

das, servicios urbanos y hasta espectáculos, controlado todo ello por una sola voluntad privada y con frecuencia movida por impulsos centrífugos y disociadores de los núcleos centrales y órganos soberanos de la Nación.

¿No son estas amarguras, bien ciertas, que no pueden ser endulzadas por las cataratas de guarapo de los trapiches cañeros de Cuba?

Amén de otras consecuencias, esto significa que el capital activo y dominante en Cuba, por generoso y altruista que lo imaginemos, no siente, ni puede naturalmente sentir, el patriotismo propio del nativo; ni sacude sus fibras ese amor de patria, que lleva a la acción por una idea y hasta al sacrificio. Los ingenios de hoy no serían quemados por sus dueños como aquellos de la Guerra de los Diez Años. Por esto el capital, en Cuba como en gran parte de la América Latina, no es una fuerza social íntegramente conexa a las demás que determinan la vida de la Nación; no se siente solidario de los dolores patrios; y, así, no pocos vicios y corruptelas dejan de ser briosa y eficazmente combatidos cuando no estimulados, y muchos tiranuelos y gobernantes incapaces e insanos logran a pesar de sus fechorías una estabilidad que sería imposible donde el capital no solo es una fuerza económica, donde no solo el bolsillo es órgano sensorio, sino donde, también, de consuno y a veces predominante, lo es el corazón. La trascendencia nociva de esta natural falta de vibración patriótica en uno de los más fuertes elementos de toda sociedad moderna, es incalculable.

Si esos aspectos ofrece la economía individual y colectiva, ¿no vemos en la oficial el poco halagador crecimiento de los presupuestos, que en veinte años más que quintuplican su cuantía, sin una correspondiente eficiencia en los servicios administrativos?[30] ¿Y no ha crecido la deuda nacional a gigantescos saltos para cubrir titánicas dilapidaciones de caudales públicos por personajes de aun sonriente impunidad?[31]

30 Los gastos del Tesoro Público pueden verse por estas cifras desde 1902 a 1920, según cálculos de Carlos M. Trelles:

Año	Presupuesto	Pesos por habitante
1902 (Palma)	$ 14.900.000	$ 8
1909 (Gómez)	33.825.000	15
1914 (Menocal)	41.828.000	17
1919 (Ídem)	67.400.000	23
1920 (Ídem)	136.000.000	45
El Gral. Brook (1899) gastó en 1 año	14.000.000	
El Gral. Wood (1900-01) gastó en 2 años	40.000.000	
El Pte. Palma gastó en 4 años	88.000.000	
El Gob. Magoon gastó en 2 años	83.000.000	
El Pte. Gómez gastó en 4 años	140.000.000	
El Pte. Menocal gastó en 8 años	600.000.000	
	965.000.000	

Menocal gastó, él solo, más que todos sus predecesores, aun sin calcular la enorme deuda pública de cerca de $70.000.000 que dejó sin pagar ni legitimar.

En este cálculo no entran los gastos de provincias ni municipios, por lo que puede opinarse que Cuba de 1899 a 1920 gastó más de mil doscientos millones de pesos. Actualmente (1922-1923) los ingresos del Estado son aproximadamente presupuestados en $17.61 por habitante y los de provincias y municipios $5.16, o sea, en conjunto, $22.27 per cápita, pero son en realidad mayores, acaso en cerca de un 20 %.

31 El total de los siete empréstitos hechos por Cuba era en 1922 de $114.669,800; cuando se hizo el octavo empréstito de $50.000.000. Es decir, que Cuba ha hecho en 19 años ocho empréstitos por una suma total de $164,669,000. El señor Carlos M. Trelles, en la primera de sus notables conferencias, dice así:

No obstante ser Cuba un país muy rico, de haber sido los ingresos de los presupuestos en la mayor parte de los años económicos superiores a los egresos; de no haber sufrido más que tres revoluciones las cuales apenas si duraron cuatro meses en total; de no habérsenos presentado oportunidad de pelear con nadie en el exterior, a pesar de nuestra declaración de guerra, a potencias tan temibles como Alemania y Austria Hungría, y de haber firmado la paz sin haberle declarado la guerra al Imperio Turco y a Bulgaria; no obstante todo esto, y de habernos librado los norteamericanos de la aplastante deuda de $400.000.000 que quiso España echarnos arriba en 1898, la República de Cuba, que nació en 1902 sin deber un centavo a nadie, y guardaba en el Tesoro, en el primer día de su vida $600.000 entregados por los interventores, ha seguido en estos veinte años una política financiera desastrosa, a la cual, si no se le pone urgentemente fin, dejará exangüe a nuestra joven y bastante adeudada nación.

De los ocho empréstitos que se han llevado a cabo en tan corto tiempo (y de los cuales solo dos debían haberse realizado), dos los firmó el presidente Palma, uno el presidente Gómez, tres el presidente Menocal y dos el presidente Zayas. Justo es consignar que el de $50.000.000, que acaba de efectuarse, fue motivado por los $46.000.000 de deuda flotante que dejó el presidente Menocal en el mismo año en que gastó por otros conceptos $136.000.000.

Por intereses y capital de la deuda ha pagado y paga Cuba las siguientes cantidades, que se restan al presupuesto y se pueden invertir en obras útiles o culturales.

En 1902	....	$ 0
" 1904	....	2.770.000
" 1911	....	4.176,000
" 1915	....	6.350.000
" 1920	....	10.200.000
" 1928	....	13.000.000

Pagamos ya más por este concepto, anualmente, que en la época colonial. Acabado de realizar un gran empréstito, y sin haber empezado todavía a pagar la deuda flotante, se habla ya de que, al finalizar los pagos, habrá un déficit de $115.000.000 o más. Tenemos, por tanto, un nuevo empréstito en perspectiva. Si seguimos por este camino de perdición ¿habrá cubano sensato capaz de pensar que esta República podrá durar medio siglo?

Si algún país de la tierra no debía tener deuda de ningún género es este: pues el Tesoro, de haber existido una buena y escrupulosa administración debía contar con fuertes sobrante.

¿Qué provecho constructivo han dejado a Cuba *los ocho empréstitos contraídos en veinte años por ciento sesenta millones de pesos*? ¿No se han votado *cuatrocientas leyes de donativos y pensiones*? ¿No se han promulgado más de 250 leyes de obras públicas? ¿Y éstas dónde están? ¿Dónde están los acueductos? ¿Dónde están los caminos?

En carreteras bien poco hemos aprovechado, a pesar de que constituyen la obra más cubana, la más beneficiosa para la vitalidad económica del nativo, que valoriza sus tierras, que abarata los transportes, que moviliza las poblaciones aisladas del interior, que lleva civilización al campo, que nacionaliza a Cuba. También, pues, en materia de vialidad pública, que es una forma innegable de civilización progresiva, hemos retrogradado. El presidente Palma construyó un promedio de 8 kilómetros de carreteras por cada año de su gobierno, el Gobernador Magoon 303 kilómetros al año; Gómez 125 kilómetros anuales y Menocal solo 57 kilómetros por año, a pesar de haber gastado en un solo ejercicio fiscal la embriagante suma de $136.000.000, unos $600.000.000 en esos ocho años, y de haber pagado tales míseras obras por un precio siete veces más alto que en tiempos del honorable primer presidente.[32]

Y por si todo esto no fuera ya sobradamente ominoso, el Estado en vez de inyectar en la población sangre de los pueblos más cultos y enérgicos, para activar la fermentación de ideas y dar todas las nuevas irisaciones de la civilización contemporánea a nuestra sociedad opaca, ha fomentado la pública y clandestina inmigración de los peores y más inciviles factores de poblamiento, contra cuya entrada y arraigo combatieron por casi un siglo esta centenaria «Sociedad Económica de Amigos del País» y los estadistas y patricios que en

---

32 Carlos M. Trelles. Ob. Cit.

ella se refugiaban; no llegando entonces ni a imaginar siquiera, que precisamente al ser ya libre Cuba y libre el esclavo, los gobernantes cubanos iban en pocos años a reproducir en mal de Cuba aquellos mismos entuertos inmigratorios que fueron estigma de Tacón, Espeleta, Roncali, Concha y demás altos contrabandistas de etiópicos bozalones y asiáticos inabsorbibles, con sus viruelas, paludismos, fetiches, opios y miserias.

Mirad, pues, cubanos que habéis tenido la paciente bondad de escucharnos, cuáles son los índices de la visible decadencia intelectual, moral y económica de la suciedad de Cuba, y pensad si no merece muy detenida y amorosa atención esta creciente debilidad medular de nuestra patria, cuyo remedio no admite demora.

Y es por tanto más apremiante el esfuerzo que la Patria nos reclama, por cuanto los dolorosos aspectos del presente han creado en ciertos ambientes la sensación tristona de que en Cuba todo está envilecido y de que nuestro pueblo no cuenta ya con elementos propios para regenerarse. Y contra esta opinión, que va propagándose con peligrosa rapidez, dentro y aun fuera del suelo nativo, debemos reaccionar todos los cubanos conscientes, desde el Poder o bajo de él, dentro y fuera de los partidos, en las corporaciones culturales y económicas, en las escuelas en los templos, en las fábricas y en los hogares, donde quiera que haya un alma cubana que sienta los bochornos patrios y experimente santa indignación ante las consecuencias que en el porvenir habrá de traernos este intolerable estado de degeneración pública.

La nueva Junta de Gobierno de la «Sociedad Económica de Amigos del País» ha recibido de su antecesora el compromiso de continuar la tradición centenaria de la corporación, en el grado en que pueda permitirlo la modestia de sus fuerzas, y cree cumplir con su deber iniciando estas «veladas cubanas», brindando en ellas ocasión y estímulo a todos aquellos compatriotas que conscientes del grave momento que nos angustia puedan contribuir con sus ideas y sugestiones a formar cabal juicio de nuestros males y de lo virulento de su dolencia, y ayuden a orientar aquellas actividades del pueblo cubano, que sean indispensables para obtener un aprontá y enérgica reacción, que nos salve de la peor de las muertes.

Y no perdamos la fe en el porvenir patrio. Los elementos adinerados nacionales o extranjeros, no tardarán en comprender, para decirlo en frase de ellos, que «no hay negocio bueno con gente mala», y que la continuación de esa inveterada y culpable costumbre de sometimientos, transigencias, debilidades y tolerancias con los malandrines, de indiferencia, cuando no de tímido alejamiento, de los debates públicos, solo puede apresurar el desastre de todos, perpetuar el apoderamiento de los destinos patrios por los insolventes de todo valor y abandonar el timón de la nave cubana a quienes debieran remar en ella como galeotes. El lenguaje del egoísmo llegará a decir a los capitalistas más que lastimeras imprecaciones que no siempre entienden y a menudo no quieren escuchar. El revuelto río de estos tiempos que corren podrá ofrecer a los promotores intrépidos y a los mercaderes de escrúpulos dudosos ganancias de fácil pesca; pero sin una verdadera consolidación nacional, mediante el restablecimiento del impulso progresivo en nuestra sociedad, no podrá consolidarse tampoco la riqueza de Cuba, aquí donde la naturaleza y la civilización harán un día que éste sea, como debe ser, el país más rico del orbe.

No, no perdamos la fe en el porvenir patrio. Aún quedan en Cuba, aunque escasas y maltrechas, algunas reservas mentales, y soldados de historia laureada, militantes y sinceramente idealistas, que pueden servir de núcleo para reconstruir el desaparecido patriciado cubano que nos dio civilización y libertad, cuyos grandes hombres asisten en efigie a esta velada, para estímulo y ejemplo.

Aún nos queda una briosa juventud cubana, fuerte e incorruptible como el guayacán; la que está germinando altiva en la Universidad por entre los caídos troncos; la que emigra anualmente a tierras extrañas para traernos de sus invernadas escolares rojos glóbulos de energía y cultura que han de animar la nueva Cuba; y esa juventud obrera que al impulsar su vitalidad por conscientes y constructivas orientaciones logrará ser la más dinámica de nuestras fuerzas; y esa trabajadora juventud guajira, que movida por nobles ambiciones de personal independencia estrecha a la amante tierra un patriótico orgasmo, que hace nacer alrededor de la palma real de nuestro blasón republicano 9,000 kilómetros de cañaverales; y, en fin, esa juventud de soñadores, poetas, literatos, artistas, espíritus de santas rebeldías, hijos de los mambises, hermanos de sacrifico y martirio, que siempre han iluminado nuestra latina historia con el centelleo de su genio.

Y contamos con la virtud, inteligencia y carácter de la mujer cubana, de esa mujer cuya honradez, ninguna otra supera; cuya parte en la criminalidad no llega aquí ni a un 2 % de la total, proporción acaso la más baja del mundo; cuya inteligencia ha dado nombres de universal resonancia a nuestra literatura; y cuyos vigores cívicos, sublimados por la ternura, son orgullo de nuestras compañeras de hoy como lo fueron de nuestras abuelas mambisas, aquellas matronas mambisas de la guerra de Céspedes y Agramonte.

Con el impulso unido de esas positivas fuerzas cubanas, será posible que la Nación se reconquiste a sí misma, recupere estos pasados lustros perdidos en desvarío y locura, y haga revivir el mortecino ideal de los libertadores, terminando aquí la revolución nacional que ha un cuarto de siglo fue interrumpida, la de las conciencias, para restaurar el respeto a la justicia, consolidar la prosperidad y la riqueza nuestra, y fortificarnos con todas las armas de la cultura, mediante el único programa capaz de renovar a Cuba y darle nueva virilidad de gloria; *abriendo cárceles para el pasado, carreteras para el presente y escuelas para el porvenir.*

Digámosle hoy al pueblo y a los gobernantes de Cuba lo mismo que Martí dijera a los de España, hace ya medio siglo:[33] «La honra puede ser mancillada. La Justicia puede ser vendida. Todo puede ser desgarrado. Pero la noción del bien flota sobre todo, y no naufraga jamás. Salvadla en vuestra tierra, si no queráis que en la historia de las naciones de este mundo la primera que naufrague sea la vuestra. Salvadla, ya que aún podría ser nación aquella en que, perdidos todos los sentimientos, quedase al fin el sentimiento del dolor y el de la propia dignidad.»

He dicho.

23 de Febrero de 1924.

---

33 Escrito de José Martí. El Presidio Político en Cuba, publicado en 1871 en Madrid.

Libros a la carta

A la carta es un servicio especializado para
empresas,
librerías,
bibliotecas,
editoriales
y centros de enseñanza;
y permite confeccionar libros que, por su formato y concepción, sirven a los propósitos más específicos de estas instituciones.

Las empresas nos encargan ediciones personalizadas para marketing editorial o para regalos institucionales. Y los interesados solicitan, a título personal, ediciones antiguas, o no disponibles en el mercado; y las acompañan con notas y comentarios críticos.

Las ediciones tienen como apoyo un libro de estilo con todo tipo de referencias sobre los criterios de tratamiento tipográfico aplicados a nuestros libros que puede ser consultado en Linkgua-ediciones.com.

Linkgua edita por encargo diferentes versiones de una misma obra con distintos tratamientos ortotipográficos (actualizaciones de carácter divulgativo de un clásico, o versiones estrictamente fieles a la edición original de referencia).

Este servicio de ediciones a la carta le permitirá, si usted se dedica a la enseñanza, tener una forma de hacer pública su interpretación de un texto y, sobre una versión digitalizada «base», usted podrá introducir interpretaciones del texto fuente. Es un tópico que los profesores denuncien en clase los desmanes de una edición, o vayan comentando errores de interpretación de un texto y esta es una solución útil a esa necesidad del mundo académico.

Asimismo publicamos de manera sistemática, en un mismo catálogo, tesis doctorales y actas de congresos académicos, que son distribuidas a través de nuestra Web.

El servicio de «libros a la carta» funciona de dos formas.

1. Tenemos un fondo de libros digitalizados que usted puede personalizar en tiradas de al menos cinco ejemplares. Estas personalizaciones pueden ser de todo tipo: añadir notas de clase para uso de un grupo de estudiantes, introducir logos corporativos para uso con fines de marketing empresarial, etc. etc.

2. Buscamos libros descatalogados de otras editoriales y los reeditamos en tiradas cortas a petición de un cliente.

LK